LA CONFÉDÉRATION SUISSE ET SON PARLEMENT

Sur l'initiative des Services du Parlement

Dessiné par Scapa

Editions Benteli Berne

Plus de
170 Etats se partagent
la surface de notre planète,
chacun avec ses caractéristiques
propres. Au cœur de l'Europe
est situé un petit pays.
Six millions d'hommes,
de femmes et d'enfants
vivent dans ce pays.

Son nom officiel et historique:

LA CONFÉDÉRATION SUISSE

symbolisée par les lettres

CH

CONFOEDERATIO HELVETICA

La Suisse, en effet,
fait cohabiter
quatre langues et
quatre cultures.
Les Suisses alémaniques
sont majoritaires:
trois citoyens sur quatre.

L'ouest du pays –
la Suisse romande –
parle français.

Les Romanches
des Grisons forment
la plus petite des
minorités nationales –
un pour cent.

Le Tessin
et quatre vallées
des Grisons
parlent italien.

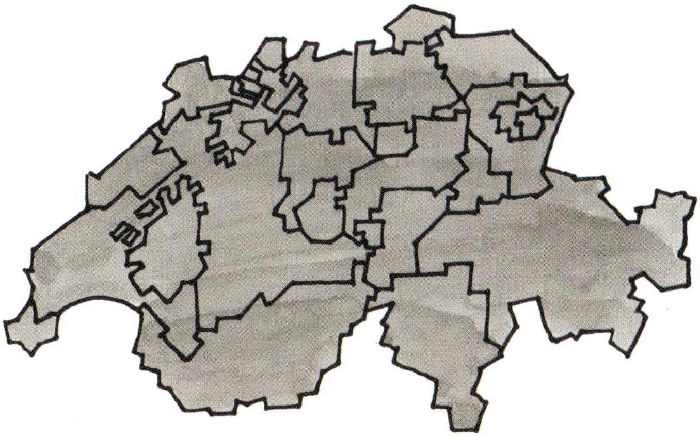

26 cantons
forment notre pays.
Il y a des cantons
alémaniques, romands
et italophones.

Les cantons sont
des Etats souverains
à l'origine qui ont
délégué und partie
de leur pouvoir
à l'Etat central
qui a son siège
à Berne, au
Palais fédéral.

La Suisse s'est formée au cours des siècles par une agglutination successive de cantons. Tout a commencé en 1291 quand trois républiques paysannes des Alpes – Uri, Schwyz et Unterwald – ont conclu une alliance défensive.

Ces trois cantons paysans réussissent – cas unique en Europe – à englober des villes dans leur association: d'abord Lucerne, puis la prospère Zurich …

… ensuite Zoug, en même temps que Glaris.

Enfin, en 1353, Berne, la véritable puissance militaire, entre dans ce qui sera la Confédération des huit cantons. Les Confédérés conquièrent des terres par les armes et finissent par accueillir de nouveaux membres: Fribourg et Soleure, Bâle et Schaffhouse.

Après l'entrée du treizième membre, Appenzell, en 1513, l'expansion s'arrête …

… car la Réforme divise la Suisse en deux camps confessionnels. La gestion des territoires occupés, dits «baillages communs», reste le principal ciment fédéral.

En 1798, la Suisse
tombe sous
tutelle française.

Avec les anciens
baillages et
territoires alliés,
Napoléon forme
six nouveaux cantons:
Vaud, Tessin,
Argovie, Thurgovie,
Saint-Gall et Grisons.

A la chute
de Napoléon, en 1815 …

… lors du Congrès de Vienne, la frontière suisse est déplacée vers l'ouest: ils ajoutent le Valais. Neuchâtel et Genève et attribuent le Jura au canton de Berne.

Mais les Jurassiens francophones ne se sentent pas tous bernois. Après une longue bataille politique …

… la Suisse accepte en 1978 la création d'un canton du Jura. Une partie du Jura romand reste toutefois avec Berne.

Comment faire cohabiter 26 cantons? La recette réside dans les institutions que la Suisse s'est donnée il y a un siècle et demi.

Le début du XIXe siècle voit l'affrontement des radicaux, partisans du libéralisme et de l'unité nationale, et des conservateurs attachés à la souveraineté cantonale, en majorité catholiques. Après une brève guerre civile, les radicaux l'emportent et promulguent la Constitution de 1848.

LA CONSTITUTION DE 1848

LA NAISSANCE DE LA SUISSE MODERNE

Cette Constitution consacre les droits fondamentaux des citoyens:

par exemple, l'égalité devant la loi ...

... le droit de s'établir partout dans le pays ...

... la liberté d'expression ...

... la liberté d'association ...

... la liberté de culte ...

... ou la liberté de la presse.

L'Etat suisse moderne résulte d'un compromis entre centralistes et fédéralistes. Pour changer la Constitution, il faut l'accord d'une majorité de citoyens, mais aussi d'une majorité de cantons.

Les cantons conservent leur pouvoir dans tous les domaines que la Constitution fédérale n'attribue pas à la Confédération.

Par exemple, dans le domaine scolaire …

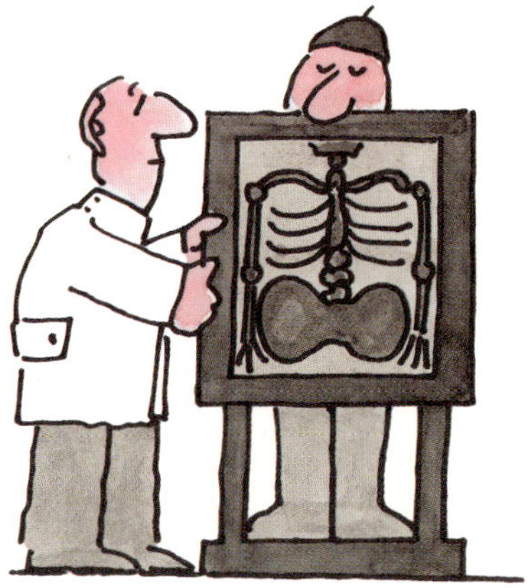

… ou dans la politique de la santé.

La police, elle aussi, est essentiellement cantonale, tout comme l'organisation de la justice.

En revanche, dès 1848, le franc suisse remplace les diverses monnaies cantonales.

Les douanes deviennent une affaire fédérale …

… tout comme les postes …

… et comme, bien entendu,
la politique étrangère.

Quant à l'armée, est elle aujourd'hui une institution fédérale par excellence.

A coup de révisions constitutionnelles, la Confédération ne cesse de se donner des compétences dans de nouveaux domaines.

En 1957, par exemple, c'est l'énergie nucléaire.
En 1958, on invente les routes nationales – c'est-à-dire en fait les autoroutes.

Puis ce sera l'aménagement
du territoire en 1969 . . .

. . . la protection
de l'environnement en 1971 . . .

. . . la recherche scientifique
en 1973, etc.

Mais il a fallu attendre 1984 pour enfin régler
le statut constitutionnel de la radio et de la TV.

Depuis la récession des années 70, les
refontes de la Constitution cèdent le pas
aux questions plus techniques:

... énergie ...

... sécurité sociale ...

... transports ...

... relations avec l'Europe.

Les citoyens suisses ne se contentent pas d'élire leurs autorités. Ils peuvent aussi intervenir dans le processus d'élaboration des lois en les stimulant ou en les censurant.

Le droit de référendum permet au peuple de s'exprimer sur une loi votée par le Parlement, à condition que 50 000 citoyens en fassent la demande. Une fois sur deux, environ, le peuple dit oui.

Le droit d'initiative permet, moyennant 100 000 signatures, de proposer un nouvel article constitutionnel (dont le Parlement devra tirer une loi). Le peuple et les cantons n'ont toutefois accepté que dix pour cent des initiatives lancées. Souvent, ils leur ont préféré un contreprojet élaboré par le Parlement.

Les femmes suisses ont dû attendre 1971 avant que les citoyens mâles ne leur accordent le droit de vote.

Mais dix ans plus tard, elles contribuaient à inscrire dans la Constitution l'égalité entre hommes et femmes dans tous les domaines.

LE PALAIS FÉDÉRAL
EST LE CŒUR DU POUVOIR
LÉGISLATIF ET EXÉCUTIF

Pour concilier centralistes et fédéralistes, on a crée en 1848 un Parlement à deux Chambres, sur le modèle américain:

le Conseil national et le Conseil des Etats.

Les 200 membres du Conseil national représentent le peuple suisse.

Chaque canton y envoie un nombre d'élus proportionnel à sa population un pour Uri, 35 pour Zurich. Les divers partis y sont aussi représentés proportionnellement à leur force.

Les 46 membres du Conseil des Etats représentent les cantons. Chaque canton, petit ou grand, y délègue deux élus. Toute loi doit être adoptée par les deux Chambres.

Au départ,
le gouvernement
adresse au Parlement
un message
accompagnant
un projet de loi.

L'un des
deux conseils est
déclaré prioritaire
(par exemple le
Conseil national).

Un groupe restreint
de parlementaires
est désigné pour former
une commission
représentative
des partis, des langues
et des intérêts divers.

La commission du
Conseil national
examine le projet à la
loupe. Elle écoute des
experts, des fonction-
naires et discute
avec le membre
du gouvernement
compétent.

Le projet modifié passe
ensuite devant le Conseil
national. Les députés
le discutent sur la base
d'un dépliant qui
présente les propositions
du gouvernement
et de la commission.
Ils peuvent encore suggérer
d'autres modifications.

Le même exercice
a lieu devant
le second conseil
(ici le Conseil des Etats).

Les décisions non
concordantes de l'un
des conseils
sont renvoyées à
l'autre pour qu'il
délibère sur les diver-
gences jusqu'à ce qu'un
accord s'établisse
entre eux.

En cas de désaccord persistant, on convoque une conférence de conciliation (14 fois en 140 ans).

Lorsqu'un projet est adopté par les deux conseils en termes identiques, on procède à un vote final.

Si la loi n'est pas combattue par un référendum,
elle peut entrer en vigueur.

Si c'est un article constitutionnel, le peuple et les cantons
sont obligatoirement consultés.

Chaque député peut lancer des idées nouvelles.

Chaque député peut exercer son droit de contrôle
en demandant des explications au gouvernement.

Les Chambres ont
aussi pour tâche
de contrôler
les finances
et de surveiller
l'administration.

Composées de
non-professionnels,
les Chambres siègent
environ douze
semaines par an.

Une fois (en règle
générale) par session.
Le Conseil national
et le Conseil des Etats
siègent en commun:
c'est l'Assemblée
fédérale.

C'est l'Assemblée
fédérale
qui élit le
gouvernement,
nommé
Conseil fédéral,
composé de
sept conseillers
fédéraux.

Chaque année, en alternance, l'Assemblée fédérale désigne l'un des sept comme président de la Confédération. Celui-ci préside la réunion hebdomadaire du gouvernement, mais n'a pas plus de pouvoir que ses collègues.

L'Assemblée fédérale élit aussi le chancelier de la Confédération, les juges au Tribunal fédéral, et, en cas de menace de guerre, le général en chef.

Chaque conseiller fédéral dirige un Département.

Nous trouvons ainsi le Département fédéral des affaires étrangères . . .

. . . le Département fédéral de justice et police . . .

. . . le Département militaire fédéral . . .

Les quatre grands partis siègent tous au Conseil fédéral. On y trouve deux radicaux, deux démocrates-chrétiens, deux socialistes et un démocrate du centre. Une cohabitation qui implique la recherche du compromis.

. . . et le Département fédéral de l'intérieur . . .

. . . le Département fédéral des finances . . .

. . . le Département fédéral
de l'économie publique . . .

. . . le Département fédéral des transports,
des communications et de l'énergie . . .

Il n'y a donc pas en Suisse, à proprement parler, de majorité et d'opposition. Ni d'ailleurs de discipline de parti. Il arrive souvent que le Conseil fédéral soit désavoué par le Parlement ou par le peuple – c'est une chose normale et il ne démissionne pas pour autant.

Aussi le gouvernement suisse est-il un des
plus stables du monde.

La vraie opposition, au fond, c'est le peuple. Grâce à ses droits populaires, c'est lui, s'il veut, qui aura le dernier mot.